AF317595

Hospice
des Enfants=Assistés

Écoles d'Enfants Assistés

Administration générale de l'Assistance publique

à Paris

Hospice

des

Enfants-Assistés

RÉPUBLIQUE FRANÇAISE

Liberté-Égalité-Fraternité

Administration générale de l'Assistance publique

à Paris

Hospice

des

Enfants-Assistés

*Cette plaquette
a été tirée à deux cents exemplaires numérotés,
en souvenir de la visite
faite à l'hospice des Enfants-Assistés
le 22 mars 1903*

par

Madame Émile Loubet

M. J. de Selves étant Préfet de la Seine;

M. G. Mesureur, Directeur de l'Administration;

M. E. Thilloy, Secrétaire général;

M. May, Directeur de l'hospice des Enfants-Assistés.

Nº 189

LOUIS XVI, MARIE-ANTOINETTE ET LE DAUPHIN VISITANT LES ENFANTS-TROUVÉS (10 FÉVRIER 1790)

UN CONVOI DE NOURRICES VERS 1840

L'Hospice des Enfants=Assistés

Situation.— L'hospice est limité, de face, par la rue Denfert-Rochereau ; en arrière, il donne sur des maisons de la rue Boissonade ; il est enclavé à droite dans le couvent de la Visitation, à gauche dans l'établissement des sœurs aveugles de Saint-Paul et les jardins de l'infirmerie de Marie-Thérèse.

La surface totale du terrain est de 33.170^{mq}, dont 7.537,50 pour la surface des bâtiments et 25.632,50 pour la surface des cours et jardins.

Historique.— L'hospice des Enfants-Assistés a été installé en 1814 dans l'institution de l'Oratoire, rue d'Enfer, mais son histoire remonte bien au delà de cette date, et se confond très intimement avec celle de Paris, depuis le xve siècle environ. A cette dernière époque, la sauvegarde et l'éducation des enfants trouvés étaient confiés au chapitre de Notre-Dame ; puis ils furent dévolus à l'administration de l'Hôtel-Dieu, qui installa successivement ses pupilles dans l'hôpital de la Trinité, au faubourg Saint-Denis, et dans une maison de la Cité en façade sur le port Saint-Landry, et connue sous le nom de *Maison de la Veuve.*

Vers 1635, Vincent Depaul constata l'abandon et la malpropreté dans lesquels on laissait les pauvres petits, en même temps que l'effrayante mortalité qui sévissait parmi eux. Il créa ou fit créer coup sur coup, à leur intention, l'hospice de la Porte-Saint-Victor, que dirigea elle-même Louise Legras, avec ses filles de la Charité, — un quartier d'enfants, au château de Bicêtre, — et, enfin, l'hôpital de la Couche, ou *Maison de couche,* qui fut rattaché à l'Hôpital général à partir de 1670, et installé, tour à tour, au faubourg

Saint-Denis, au faubourg Saint-Antoine et dans la rue Neuve-Notre-Dame. C'est à la *Maison de couche* que l'établissement actuel a directement succédé.

LA CRÈCHE VERS 1840

Il a d'ailleurs subi, depuis 1814, de nombreuses transformations, notamment en 1838, en 1879 et en 1899.

Actuellement, il ne reste de l'ancienne institution de l'Oratoire que le bâtiment central et l'aile de droite où sont installées la crèche et la chapelle.

LA CRÈCHE EN 1903

L'hospice des Enfants-Assistés reçoit et hospitalise les catégories d'enfants ci-après :

1° Les enfants en dépôt, c'est-à-dire ceux dont les parents sont, ou malades dans un hôpital, ou détenus préventivement, ou bien condamnés à un emprisonnement ne devant pas excéder six mois ;

2° Les enfants assistés proprement dits ;

3° Les enfants moralement abandonnés ;

4° Un certain nombre d'enfants des deux sexes arrêtés pour vagabondage ou pour délits peu importants et qui sont envoyés en observation par les magistrats ;

5° Les enfants assistés malades et qui ne peuvent recevoir en province les soins que réclame leur état ;

6° Les enfants malades présentés aux consultations de médecine et chirurgie et dont l'état exige des soins immédiats.

VINCENT DEPAUL ET LES DAMES DE LA CHARITÉ

Consultations. — Des consultations de médecine et de chirurgie infantiles ont lieu tous les jours, à 9 heures :

Médecine *(Dr Hutinel)* ; Chirurgie *(Dr Jalaguier)* ; Maladies de la bouche et des dents *(Dr Thomas).*

Nombre de consultations en	1899	1900	1901
Consultations de médecine	1.856	2.523	2.992
— de chirurgie	2.881	2.992	2.533
Maladies de la bouche et des dents	596	765	765

Nombre de lits. — L'hospice des Enfants-Assistés contient 880 lits réglementaires, ainsi répartis :

Crèche et sevrés	95	Chirurgie	70
Divisions (garçons et filles)	290	Chirurgie (consultation)	36
Séparés —	42	Nourricerie	36
Lazaret	72	Isolement	40
Médecine	83	Douteux	16
Médecine (consultation)	25	Nourrices et surveillantes de campagne	75

Mouvement de la population. — Au 1er janvier 1901, on constatait la présence à l'hospice de 462 enfants ; pendant cette année, il en est entré 13.084 et sorti 12.843. Le nombre des morts a été de 212. Le chiffre des enfants restant au 31 décembre 1901 était de 491. Pour cette année 1901, le nombre de journées d'enfants a été de 184.810.

La mortalité, calculée d'après le nombre total des enfants ayant passé par l'hospice, a été de 1,56 pour 100.

La durée du séjour, calculée d'après le nombre des journées divisé par le nombre des admissions, a été de 13,64.

Personnel administratif.— Ce personnel comprend: 1 directeur, 1 économe; 1 rédac-

GOUTER EN PLEIN AIR

teur principal; 1 rédacteur; 3 expéditionnaires; 1 commis; 1 infirmière et 1 commissionnaire.

Le directeur, l'économe, le rédacteur, un expéditionnaire et les deux sous-employés sont logés dans l'établissement; les autres employés, logés au dehors, reçoivent chacun une indemnité de 600 francs.

Personnel médical. — Le service de santé se compose de 18 personnes: 1 médecin; 1 chirurgien; 4 internes; 10 externes; 1 dentiste; 1 interne en pharmacie.

Personnel secondaire. — Ce personnel se compose de 201 personnes, savoir: 8 surveillants et surveillantes; 11 sous-surveillants et sous-surveillantes; 22 suppléants et suppléantes; 13 premières infirmières; 1 garçon d'amphithéâtre; 4 charretiers; 104 infirmiers, infirmières, garçons et filles de service; 1 garçon de laboratoire; 35 nourrices.

Personnel à la journée. — On compte 20 personnes, savoir:

1 plombier; 1 menuisier; 1 chauffeur; 1 jardinier; 1 étuviste; 6 lingères; 1 repasseuse; 6 buandières; 1 buandier; 1 cuisinier.

Les *Services hospitaliers* sont constitués ainsi qu'il suit:

Chirurgie: Salles Chirurgie, Verneuil. — Dr JALAGUIER.

Médecine : Salles Infirmerie, Pasteur, Crèche, Sevrés, Nourricerie, Isolement, Douteux. — Dr HUTINEL.

Blanchissage. — Il existe une petite buanderie à l'hospice des Enfants-Assistés. On y blanchit les linges à pansements, les blouses et les tabliers du personnel médical, les peignoirs des infirmières, le linge et les vêtements des petits enfants, tous les vêtements des entrants. Le reste du linge est blanchi par la Buanderie nouvelle de Laënnec qui fait deux livraisons par semaine.

UN MONÔME

Chauffage. — Les bureaux, les salles Giraldès et Valleix sont chauffés par un calorifère à air chaud. Un autre calorifère est installé aux bains.

Dans tous les autres services, il existe des poêles et des cheminées dans lesquels on brûle du coke et du charbon de terre.

Éclairage. — Les services sont éclairés au gaz. Le pavillon Verneuil est éclairé à l'électricité.

Salubrité. — On fait usage de tinettes (système diviseur).

Dans les pavillons Verneuil et Pasteur, aux bains, à la division des garçons, on a appliqué le tout à l'égout.

Il existe encore deux fosses fixes dans les préaux des divisions des garçons et des filles. — Une étuve à vapeur fonctionne chaque jour pour la désinfection des effets des entrants, du linge et de la literie des malades.

Un four à incinérer les ouates et pansements est installé dans la cave de la buanderie et fonctionne également tous les jours.

Eaux. — La maison est alimentée par l'eau de rivière (Seine) et par l'eau de source (Avre).

Laboratoire. — Il existe un laboratoire, très bien aménagé, commun aux deux chefs de service.

Bibliothèques. — Deux bibliothèques pour les internes sont entretenues au moyen de dons, de cotisations des élèves et de subventions votées chaque année par le

Conseil municipal (200 francs pour les internes en médecine ; 100 francs pour l'interne en pharmacie).

Il existe aussi une bibliothèque pour les enfants ; un crédit annuel de 100 francs est affecté à son entretien.

Objets d'art. — A la crèche se trouve un tableau dont il n'a pas été possible de découvrir l'origine, mais qui paraît remonter aux vii° siècle et qui représente Vincent Depaul recueillant des Premières Dames de la Charité l'offrande de leurs bijoux.

Dans ce tableau figure Mme Legras (Louise de Marillac), auxiliaire de Vincent Depaul et fondatrice de la congrégation des Filles de la Charité.

Une statue en marbre de saint Vincent Depaul, par Stouff, orne la cour d'honneur de l'hospice.

Dépenses. — En 1901, les dépenses se sont élevées à la somme de 640.815 francs, se décomposant ainsi par nature de dépense :

Personnel administratif	36.508 »		*Report*	251.615 »
Impressions, frais de bureau	2.400 »		Boucherie	56.000 »
Frais de cours, etc	1.000 »		Cave	14.000 »
Frais des exploitations	2.500 »		Comestibles	104.500 »
Personnel médical	10.800 »		Chauffage et éclairage	66.000 »
Personnel secondaire	113.570 »		Blanchissage	8.000 »
Personnel à la journée	24.337 »		Coucher, linge, mobilier	76.000 »
Réparations de bâtiments	14.500 »		Appareils, instruments, etc	23.000 »
Pharmacie	14.000 »		Frais de transport	17.500 »
Boulangerie	32.000 »		Eaux, salubrité, etc	24.200 »
A reporter	251.615 »		*Total*	640.815 »

CHAPELLE DE L'ANCIEN HOSPICE

Les Écoles d'Enfants Assistés

L'hospice de la rue Denfert-Rochereau n'est qu'un hospice de dépôt; aussitôt qu'ils y ont passé le temps indispensable, les enfants sont confiés à des nourriciers; quelques-uns sont dirigés ensuite vers une des écoles d'enfants assistés qui appartiennent à l'Administration et dont les principales sont : l'école d'imprimerie et d'ébénisterie d'Alembert, l'école d'horticulture Le Nôtre et l'école ménagère d'Yzeure.

ÉCOLE D'ALEMBERT

Situation. — L'école d'Alembert est située sur le territoire de la commune de Montévrain (Seine-et-Marne), à 32 kilomètres de Paris et à 3 kilomètres de la station de Lagny-Thorigny, sur la ligne de Paris à Meaux. Les bâtiments sont construits, en partie, au fond d'un petit vallon formé par le ru Bicheret, affluent de la Marne.

Elle a été installée, en 1882, dans les bâtiments d'une ancienne colonie pénitentiaire, supprimée en 1869, et qui avait servi depuis à divers usages.

Le prix d'achat de la propriété a été de 40.000 francs.

Cette acquisition et les premiers travaux d'aménagement ont été soldés avec le don de 50.000 francs, fait, avec affectation spéciale, par M. le baron Sarter, à l'œuvre des enfants moralement abandonnés.

Les ateliers, qui, au début, se trouvaient dans les bâtiments des dortoirs de l'ancienne colonie, ont été transférés dans un bâtiment spécial construit en 1884 sur un terrain dépendant de l'école.

Ce pavillon a reçu le nom de Sarter, en souvenir du donateur.

La population de l'école ayant augmenté, on a dû, en 1887, procéder à une nouvelle acquisition de terrains qui ont considérablement agrandi l'établissement.

Un autre pavillon a été construit avec le don de 50.000 francs fait par Mme Ve Dagnau au profit des enfants moralement abandonnés. Ce pavillon porte le nom de pavillon Dagnan.

Il a été construit également, en 1885, un petit bâtiment où sont placées les machines typographiques qui sont actionnées par un moteur de 35 chevaux.

Un préau couvert pour les jeux et les exercices de gymnastique a été édifié en 1888.

Direction. — L'école est placée sous la direction de 1 directeur assisté de 1 économe et de 1 surveillant général.

Enseignement. — Les professions enseignées sont : la typographie, l'imprimerie typographique, la clicherie, la galvanoplastie, la reliure et l'ébénisterie.

Les élèves font 4 années d'apprentissage ; ils sont ensuite, à leur choix, placés dans l'industrie privée, ou conservés quelque temps à l'école en qualité de vétérans ; ils reçoivent alors un salaire journalier de 3 francs, sur lequel ils versent une somme de 1 franc par jour pour les frais de nourriture et d'entretien.

ATELIER D'IMPRIMERIE

Personnel enseignant. — Ce personnel comprend 15 personnes :

1° A la typographie : 1 prote ; 1 typographe ; 1 correcteur : 2 relieurs-brocheurs ; 2 imprimeurs-typographes ; 1 clicheur-galvanoplaste.

2° A l'ébénisterie : 1 chef des travaux ; 3 contremaîtres ; 1 débiteur ; 1 tourneur ; 1 moulurier.

1 instituteur de Lagny, ainsi que 2 professeurs de dessin, viennent chaque jour faire des cours à l'école.

ATELIER DE TYPOGRAPHIE

Population. — Le nombre des élèves de l'école peut être au maximum de 110, répartis dans les divers ateliers.

Dépenses. — En 1901, les dépenses de l'école d'Alembert se sont élevées à la somme de 296.534 fr. 83, se décomposant ainsi par nature de dépenses :

Dépenses d'administration

Personnel administratif	12.846 62
Personnel enseignant	3.503 52
Personnel servant	11.086 75
Frais de bureau et de cours	2.269 61
Bibliothèque	500 »
Pain	8.147 20
Vin	3.945 28
Viande	8.304 62
Comestibles divers	13.275 89
Frais médicaux	1.078 50
Chauffage et éclairage	4.538 10
Blanchissage	911 74
Coucher, linge, habillement	9.957 67
Entretien des bâtiments	5.630 96
Transports, salubrité et divers	4.655 21
Dépenses d'ordre	963 25
Mobilier	2.004 79
Total	**93.619 71**

Dépenses d'exploitation

1° *Imprimerie*

Personnel	39.942 33
Salaire des élèves	11.372 35
Outillage et dépenses d'ordre	4.062 08
Achat de caractères	19.810 46
Achat de papiers	58.733 15
Façonnage et divers	2.577 85
Total	**136.498 22**

2° *Ébénisterie*

Personnel	22.760 29
Salaire des élèves	3.882 90
Outillage	481 65
Achat de bois	10.495 85
Achat de glaces et quincaillerie, de vernis et essences et dépenses diverses	8.571 14
Total	**46.191 83**

3° *Service commun*

Récompenses accordées par le Conseil général aux élèves méritants	250 »
Personnel	6.068 56
Charbon	6.320 »
Transports et divers	7.586 51
Total	**20.225 07**

Résumé des dépenses

Dépenses d'administration	93.619 71
Imprimerie	136.498 22
Ébénisterie	46.191 83
Dépenses du service commun	20.225 07
Total	**296.534 83**

Recettes. — Les recettes de l'école d'Alembert se sont élevées, en 1901, à 200.201 fr. 31.

Produits de l'ébénisterie	14.074 08
Produits de l'imprimerie	176.693 17
Remboursement par les élèves de 5° année	5.561 »
Recettes diverses	331 96
Recettes d'ordre	3.541 10
Total	**200.201 31**

ATELIER D'ÉBÉNISTERIE

Les divers travaux exécutés par les élèves de l'école d'Alembert sont destinés aux services intérieurs et extérieurs de la Préfecture de la Seine et de l'Assistance publique.

Vue générale

ÉCOLE LE NOTRE

Situation. — L'école Le Nôtre est située à Villepreux (Seine-et-Oise), à 11 kilomètres de Versailles, dans la partie ouest du département. On s'y rend en chemin de fer par la ligne de Paris-Granville, station de Villepreux-les-Clayes, distante de 1 kil. 500 de l'établissement.

L'école est à l'extrémité est du village, dans le petit vallon du ru de Gally.

Historique. — L'école Le Nôtre, fondée par le Conseil général de la Seine, a été ouverte le 6 avril 1882.

Elle est destinée à donner l'instruction pratique et théorique de l'art horticole aux enfants assistés et moralement abandonnés du département de la Seine.

Grâce aux subventions spéciales du Conseil général de la Seine et aux libéralités de généreux donateurs (dons de MM. Kohn, Emden Reinach, Prot, Baudrier et du lycée Charlemagne), l'école Le Nôtre, installée modestement d'abord, s'est rapidement développée.

De nombreuses améliorations ont pu être apportées dans les cultures et l'enseignement. C'est ainsi que, s'inspirant de la plus stricte économie et avec le concours des élèves, on a construit successivement : 11 serres, 6 bâches de 30 mètres, 3.000 mètres d'espaliers et contre-espaliers, capté une source par une galerie souterraine de 150 mètres, établi une distribution complète des eaux, tant au jardin qu'à l'école.

L'école reçoit, chaque année, une subvention de 3.000 francs du Ministère de l'agriculture ; cette subvention est affectée à des travaux d'agrandissement ; elle a permis d'installer successivement une vacherie, une porcherie, une basse-cour et des ateliers de menuiserie et de serrurerie.

Le domaine en culture comprend 10 hectares, dont 3 hect. 50 loués et consacrés à la petite culture.

Le jardin renferme : un potager, des jardins fruitiers et paysagers, une pépinière d'arbres et arbustes fruitiers et d'ornement.

Les cultures fruitières de plein air et de serre sont largement représentées, mais la culture florale a une importance particulière, car elle doit pourvoir à la décoration estivale des établissements hospitaliers de l'Assistance publique de Paris.

Admissions. — Sont seuls admis les enfants assistés, élevés à la campagne, âgés de 14 ans et pourvus du certificat d'études primaires.

Les élèves sont proposés par les directeurs d'agence, au mois de janvier de chaque année ; les admissions sont prononcées par le Directeur de l'Administration sur la proposition du chef de la division des enfants assistés.

Population. — L'école peut recevoir 50 élèves.

Ils sont répartis, par âge, en 3 divisions, et ils reçoivent, en outre du trousseau, les allocations suivantes :

	1re année	2e année	3e année
Gratifications hebdomadaires.	26	52	78
Versements trimestriels à la Caisse d'épargne.	25	25	50
Réserve pour achats personnels	25	50	75

Emploi du temps. — Il est combiné de façon à ce que tous les élèves soient successivement appelés, en cours d'année, dans tous les services, et initiés, méthodiquement, en conformité de leur âge, à tous les travaux de jardinage.

Enseignement. — L'enseignement théorique horticole est donné sous forme de leçons ou conférences, tant par le directeur que par le chef et le sous-chef de culture.

Le programme comprend :

La culture potagère, fruitière et florale, des notions d'hygiène et de sciences naturelles appliquées à l'horticulture, les éléments de législation rurale, l'arpentage, le nivellement et le dessin appliqués à l'architecture des jardins.

L'enseignement pratique est donné dans l'exploitation par des maîtres chargés d'apprendre le maniement des outils et des machines. Tant au jardin qu'à la vacherie, porcherie, etc., boulangerie et ateliers, les élèves exécutent, sous la direction de leurs maîtres, tous les travaux de culture, de réparation et d'entretien du matériel.

Dans deux ateliers, les élèves procèdent, sous la direction des surveillants serrurier et menuisier, à la réparation des outils et du matériel. La réfection des châssis, l'entretien des serres et des bâtiments, sont faits, en partie, par les élèves. Ils sont occupés aux travaux de peinture, vitrerie, au travail du fer et du bois, voire même à la petite maçonnerie.

Cette variété d'occupations a l'avantage d'exciter l'intérêt des élèves et de leur faire acquérir une habileté manuelle fort appréciée dans leurs placements.

Voyages d'instruction. — Chaque année, en outre des excursions à Versailles et dans sa banlieue, et des visites aux établissements horticoles de la Ville de Paris, il est accordé, à titre de récompense, aux meilleurs élèves, un voyage d'excursion en France ou à l'étranger.

Depuis 1890, les élèves ont successivement visité les établissements horticoles du Nord de la France, de la Belgique, de la Hollande, de l'Angleterre, de la Suisse, de la côte méditerranéenne et de la « ceinture dorée » de Bretagne.

Examen de sortie. — A l'expiration de la troisième année et avant leur placement, les élèves subissent un examen professionnel devant une Commission technique désignée parmi les membres de la Société nationale d'horticulture de France.

Des certificats d'instruction sont attribués à ceux qui ont satisfait à ces examens.

Vacances. — Afin de permettre aux élèves de conserver leurs relations avec leurs parents nourriciers chez qui ils ont été élevés à la campagne, des permissions sont accordées à ceux qui en font la demande, pour aller passer quelques semaines dans leur famille adoptive, à l'époque de la moisson ou des vendanges.

ATELIER DE MENUISERIE AGRICOLE

Service médical. — Le service médical est confié à un médecin de Saint-Cyr-l'École. Un pavillon isolé sert d'infirmerie.

Placement des élèves à leur sortie. — Quand, au bout de trois années, l'apprentissage est terminé, les élèves sont placés, suivant leurs goûts, leurs aptitudes, par les soins du directeur, dans la banlieue de Paris ou en province, en maison bourgeoise, château, jardins publics, botaniques, de la Ville de Paris ou des départements.

Ils emportent un trousseau complet d'effets de travail, une tenue de sortie et de l'argent de poche.

Le livret de Caisse d'épargne des élèves sortants est conservé au siège de l'Administration jusqu'à leur majorité. Le patronage de l'Administration de l'Assistance publique et de l'école leur est toujours acquis, même après la majorité.

Personnel administratif. — Il comprend 1 directeur assisté de 1 commis aux écritures.

Personnel enseignant. — Il se compose de 4 personnes, savoir :

1 chef de culture ; 1 sous-chef jardinier ; 1 premier garçon jardinier ; 1 deuxième garçon jardinier.

1 instituteur du pays est chargé de donner, chaque jour, une leçon d'enseignement primaire complémentaire.

Dépenses. — En 1901, les dépenses de l'école Le Nôtre se sont élevées à la somme de 78.961 fr. 01, se décomposant ainsi par nature de dépense :

Service propre de l'établissement

DÉPENSES EFFECTIVES

Personnel administratif	6.101 40
Personnel enseignant	661 20
Personnel professionnel	5.645 20
Personnel servant	4.747 20
Frais de bureau et cours	548 25
Bibliothèque et musée	499 80
Pain	3.521 80
Vin	2.210 43
Viande	5.787 13
Comestibles	3.701 73
Frais médicaux	197 80
Chauffage et éclairage	1.920 22
Blanchissage	1.215 47
Coucher, linge et habillement	3.466 05
Mobilier	575 90
Entretien et réparations des bâtiments	5.744 01
Frais de transport	800 90
Frais de loyer, salubrité et divers	620 50

DÉPENSES D'ORDRE

Pain (main-d'œuvre des élèves, salaire)	793 26
Comestibles divers, produits de l'exploitation	4.216 45
Entretien et réparations des bâtiments, travaux des élèves	1.300 »
TOTAL des dépenses du service propre de l'établissement	54.274 73

Allocations aux élèves

Gratifications hebdomadaires	2.178 50
Réserves pour achats personnels	1.318 95
Réserves mises à la Caisse d'épargne	1.668 »
Gratifications des 1er janvier et 14 juillet	130 50
Voyages d'élèves	999 85
Récompenses du Conseil général	246 15
TOTAL des allocations aux élèves	6.541 95

Dépenses d'exploitation et enseignement professionnel

DÉPENSES EFFECTIVES

Acquisition de semences et engrais	9.932 96
Nourriture et entretien des animaux	1.760 94
Acquisition d'animaux domestiques	490 »
Entretien et renouvellement du matériel	2.147 43
Transports et divers	1.535 10

DÉPENSES D'ORDRE

Semences et engrais	300 »
Nourriture des animaux (récoltée sur l'exploitation)	357 50
Entretien et réparations des bâtiments	1.620 40
TOTAL des dépenses d'exploitation et d'enseignement professionnel	18.144 33

Résumé général des dépenses

Service propre de l'établissement	54.274 73
Allocations aux élèves	6.541 95
Enseignement professionnel et exploitation	18.144 33
TOTAL GÉNÉRAL	78.961 01

Recettes. — Les recettes se sont élevées, en 1901, à 21.795 fr. 96, se décomposant comme suit :

RECETTES EFFECTIVES

Vente des produits d'exploitation	13.208 35

RECETTES D'ORDRE

Main-d'œuvre des élèves dans la fabrication du pain	793 26
Produits de l'exploitation consommés sur place	4.216 45
Évaluation de la main-d'œuvre des élèves dans les travaux d'entretien	2.920 40
Semences et engrais	300 »
Nourriture d'animaux (produite par l'exploitation)	357 50
TOTAL des recettes	21.795 96

Dépenses totales en 1901 : 78.961 fr. 01 — 21.795 fr. 96 = 57.165 fr. 05.

L'ÉCOLE PROFESSIONNELLE ET MÉNAGÈRE D'YZEURE

Situation. — L'école est située sur un plateau très sain, dans la commune d'Yzeure à 1 kil. 2 de Moulins (Allier). Elle occupe une surface de 101.010^{mq}. Les constructions et les cours figurent pour 20.000^{mq} ; les jardins : potager, fruitier, prairies, occupent le reste.

Historique. — Primitivement affecté à une école de réforme (juin 1887), l'établissement s'augmenta, en 1889, d'une école professionnelle ; mais cette double affectation présentait de graves inconvénients. Les élèves de l'école de réforme furent transférées à Paris et, en décembre 1891, l'établissement fut exclusivement consacré à l'enseignement.

Admissions. — L'école admet indifféremment les enfants assistées et les moralement abandonnées. Chaque année, en septembre, les directeurs d'agence proposent les enfants qui, dans leur service, se signalent par leur intelligence et paraissent aptes à recevoir l'enseignement professionnel. Les admissions, très recherchées, sont prononcées par le Conseil de surveillance selon le nombre de places disponibles et après examen des dossiers. L'admission est provisoire ; elle devient définitive si l'enfant justifie, par sa conduite et ses aptitudes, la faveur qui lui est accordée.

Instruction primaire.— Les élèves sont réparties en cinq classes et suivent les programmes du département de la Seine. L'enseignement est donné par sections, à un point de vue très pratique : 4 heures sont consacrées chaque jour à cet enseignement pour les jeunes filles que l'on prépare à l'examen du certificat d'études. Celles qui sont pourvues de ce titre n'ont que 2 heures de classe.

UN COIN DU PARC

Enseignement professionnel.— Les élèves sont réparties en 5 ateliers :

Atelier préparatoire. — Premières leçons de couture; raccommodage de bas, robes, tabliers des élèves ; confection des jupons, chemises, layettes.

Lingerie (2 sections). —2e section (stage de 6 mois).— Complément des leçons reçues dans l'atelier préparatoire ; raccommodage du linge et confection du linge neuf. — 1re section. — Confection de trousseaux pour les magasins de Paris ; divers genres de broderie sur linge, tulle, etc.

Confection.— Admises dans cet atelier après leur stage en lingerie, les élèves sont chargées de faire les costumes d'uniforme, les trousseaux des élèves de 18 ans et de répondre aux commandes faites par des négociants de Paris : robes tailleur, jaquettes, peignoirs, etc. Ce cours est complété par des leçons de coupe et de dessin.

LE PETIT ÉTANG

Corsets.— Éventaillage, baleinage, coupe, confection de corsets sur mesure. Toutes les élèves admises dans l'atelier reçoivent ces leçons successivement sans être spécialisées.

Broderie. — Les élèves sont exercées à tous les genres de broderie : passé, point remordu, tapisserie, soutache. Elles exécutent des travaux pour l'une des premières maisons de Paris. Ce cours est complété par des leçons de dessin.

L'enseignement professionnel est complété par l'enseignement du ménage : cours de cuisine, nettoyage, buanderie, repassage. Un roulement établi permet à toutes les élèves

de faire un stage dans ces divers services et de recevoir, à tour de rôle, un enseignement pratique.

Placements. — Les enfants sont placées dans l'industrie privée en qualité de lingères, couturières, coupeuses dans les maisons de confection, demoiselles de magasin, corsetières, brodeuses.

Quelques-unes, moins aptes aux travaux de l'aiguille, sont placées comme femmes de chambre et cuisinières.

Population. — La population de l'école peut atteindre le chiffre maximum de 300 élèves.

Personnel administratif. — Ce personnel comprend : 1 directrice, 1 économe et 2 commis d'économat.

Personnel médical. — Un médecin de Moulins vient régulièrement à l'école deux fois par semaine. Une salle d'isolement, annexée à l'infirmerie, permet de donner des soins spéciaux aux élèves atteintes de maladies contagieuses.

Personnel enseignant. — 6 institutrices sont chargées des classes, des cours de coupe et de gymnastique.

1 maîtresse de dessin et 1 maîtresse de chant viennent toutes les semaines donner des cours spéciaux.

Le travail est dirigé, dans les ateliers, par 5 maîtresses et 6 sous-maîtresses.

1 maîtresse repasseuse, 1 maîtresse buandière, 1 maîtresse cuisinière complètent le personnel professionnel.

Dépenses. — En 1901, les dépenses de l'école d'Yzeure se sont élevées à la somme de 278.638 fr. 88, se répartissant comme suit :

Dépenses d'administration

Personnel administratif	5.085 04
Personnel médical	1.501 20
Personnel enseignant	8.039 71
Personnel professionnel	9.861 80
Personnel servant	8.460 61
Personnel de l'exploitation	10.000 61
Gratifications au personnel	3.300 »
Indemnités diverses	3.985 10
Récompenses aux élèves	10.228 45
Frais de bureau, poste et cours	3.526 20
Bibliothèque	469 06
Pain	18.038 96
Vin	7.118 48
Viande	13.995 98
Comestibles divers	17.527 61
Frais médicaux	1.456 19
Chauffage et éclairage	18.784 65
Coucher, linge, habillement	23.182 13
Mobilier	10.384 02
Entretien des bâtiments	23.087 60
Transports	2.544 85
Frais de loyer	7.797 10
Salubrité et divers	6.804 26
Blanchissage	1.460 80
Dépenses d'ordre	41.499 65
TOTAL	258.140 09

Dépenses d'exploitation

Dépenses effectives

Ateliers	9.286 91
Basse-cour, porcherie, vacherie	5.284 74
Jardin	1.651 48
Prairies	121 »
Transports et divers	1.003 60

Dépenses d'ordre

Basse-cour, porcherie, vacherie	2.749 06
Prairies	400 »
TOTAL	20.496 79

Résumé des dépenses

Dépenses d'administration	258.140 09
Dépenses d'exploitation	20.496 79
TOTAL	278.636 88

Recettes. — Les recettes se sont élevées, pendant l'année 1901, à 66.038 fr. 51.

Produits des confections opérées dans les ateliers	16.187 35
Produits de la vacherie, de la porcherie	4.969 41
Vente des os, chiffons, vieux métaux, etc.	213 04
Recettes diverses	20 »
Recettes d'ordre	44.648 71
TOTAL	66.038 51

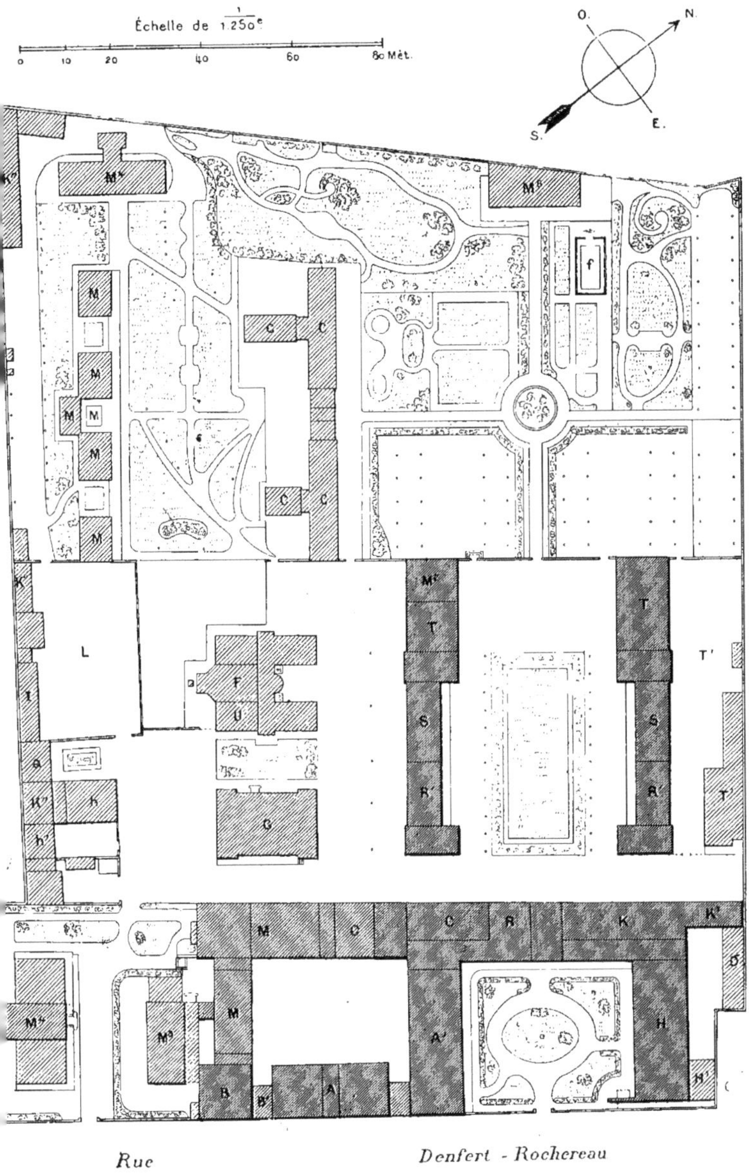

Échelle de $\frac{1}{1.250^e}$

0   10   20   40   60   80 Mèt.

O. N. S. E.

REZ-DE-CHAUSSÉE

A, A' Administration et salle de garde.
B, B' Consultation.
C Cuisines et dépendances.
D Pharmacie.
F Bains.
G Buanderie.
H Chapelle.
H' Dépendances de la chapelle.
I Service des morts.
K, K' Magasins du vestiaire.
K" Magasins et ateliers.
L Chantier.
M Lazaret.
M1 Contagieux.
M2 Logements.
M3 Chirurgie.
M4 Diphtérie.
M5 Douteux.
R, R' Réfectoires.
S Classes.
T, T' Préaux.
U Étuve.
a Laboratoire.
c Nourricerie.
f Serre.
h Écuries.
h' Remises.

PREMIER ÉTAGE

A Appartement du directeur et logement d'employé.
A, C Infirmerie chirurgie.
B Appartement de l'économe.
G Lingerie.
H Crèche.
K Sevrés.
K', M2, M3, h Logements.
M Lazaret et logements d sous-employés.
R Chirurgie.
R', S, T Dortoirs.

DEUXIÈME ÉTAGE

A', C Infirmerie médecine.
B Logements d'employés.
H Dortoirs du personnel.
K, R Médecine.
K', M, M3 Logements de sous-employés et dortoirs.
R', S, T Dortoirs.

TROISIÈME ÉTAGE

A' Dortoir du personnel.
B, K', M3 Logements de sous-employés.
C, K, R Nourrices de campagne.
R', S, T Dortoirs.

Rue   *Denfert - Rochereau*

PLAN DE MASSE DE L'HOSPICE DES ENFANTS-ASSISTÉS

*Cette plaquette
a été imprimée par les pupilles
de l'Assistance publique,
élèves de l'école d'Alembert,
à Montévrain (Seine-et-Marne)*

*Clichés de MM. Mouton et Gillet
et de la Maison Berthaud*

*Photogravures des Maisons Cueille et Bouché
et Berthaud*